AF362729

ESSAI

SUR LA FONTE DES ANCIENS

ET

CELLE DES CHEVAUX DE CHIO,

ACCOMPAGNÉ DE NOTES DE M. MILLIN,

ET DÉDIÉ

A SON ALTESSE ÉMINENTISSIME

LE PRINCE PRIMAT;

Par JOSEPH SEITZ.

PARIS,

DELANCE, IMPRIMEUR-LIBRAIRE,
rue des Mathurins, Hôtel Cluny.

1806.

Extrait du *Magasin Encyclopédique*, numéro de Décembre 1806.

A

SON ALTESSE ÉMINENTISSIME

LE PRINCE CHARLES,

ARCHEVÊQUE,

Primat de la Confédération du Rhin, Prince souverain de Francfort, Achaffenbourg et Ratisbonne, Comte de Wezlar, etc.

———

PRINCE, quand les vertus qui marchent sur vos pas
Font naître le bonheur au sein de vos États,
Vous nous donnez encore une preuve nouvelle
Des effets qu'ont produit votre généreux zèle,
La ville de Francfort, qui voit avec plaisir
Qu'elle a le Souverain qu'elle vouloit choisir,
Est exempte par Vous de la taxe de guerre
Que les temps exigeoient et rendoient nécessaire.
Rien ne met plus d'entrave à votre autorité,
Votre amour pour le bien éclate en liberté;

Et les Confédérés du peuple germanique

Ne reconnoissent plus ce tribunal unique,

Qui, d'abord érigé par Maximilien,

Servit de frein au fort, au foible de soutien;

Mais qui ne voulant plus connoître que la loi

Pour régler sa conduite et garantir sa foi,

Ne sut l'interpréter qu'à son seul avantage,

Et faisoit avorter le projet le plus sage.

Parmi les nobles soins où Vous êtes livré,

Votre génie aux arts est aussi consacré;

Vos travaux glorieux et vos doctes ouvrages

Ont de la Germanie excité les suffrages,

Et la France Vous compte au nombre des Savans

De qui Napoléon honore les talens.

Vous savez réunir, avec expérience,

Les lettres et les arts aux soins de la puissance;

C'est ce qui m'autorise de parer aujourd'hui

Cet ouvrage d'un nom qui seul fait son appui.

Si vous favorisez mon hommage sincère,

Si par ce foible écrit j'ai le droit de vous plaire,

Content et glorieux de cet illustre prix,

Je serai satisfait de l'avoir entrepris.

J. Seitz.

ESSAI

SUR LA FONTE DES ANCIENS,

AVEC QUELQUES REMARQUES

SUR LES CHEVAUX DE CHIO.

---

*Histoire de la Fonte chez les Assyriens,
les Etrusques et les Grecs.*

L'ART de travailler les métaux doit avoir pris
son commencement dans les pays où la chaleur
du soleil les produit en abondance. Si le rapport
que fait Philostrate (1) d'une table ou bas-relief
de bronze qu'Appollonius de Thyane trouva dans
un temple près de Taxilla n'est pas exagéré, les
Indiens doivent avoir poussé cet art au plus haut

(1) *Vie d'Apollonius de Thyane,* liv. IX, ch. 20.

I

degré de perfection. On y voyoit représentés les combats qu'Alexandre livra à l'armée de Porus. Les différens métaux y étoient .employés et mélés , de sorte qu'ils faisoient l'effet des couleurs (2), et que ce bas‑relief étoit comparable aux plus beaux tableaux d'Euphranor et de Polyclète. Cette espèce de mosaïque en métaux ne datoit que du temps d'Alexandre ; mais une pareille habileté ne peut être que le résultat de plusieurs siècles d'exercice (3), et l'abondance des matières métalliques que , sous un sol brûlant , on trouvoit souvent pures et sans mélange , doit avoir engagé le plus ancien des peuples à se livrer de bonne heure à ce travail. La table d'Isis , dont le fond noirâtre est un mélange de plusieurs métaux et dont tous dessins sont des pièces d'argent rapportées , nous donne une idée , quoique très‑imparfaite , d'un pareil ouvrage.

Les Assyriens et les Babyloniens étoient fort

(2) Suivant Pline, les fondeurs imitèrent la pourpre dont la toge prétexte étoit bordée , en mêlant du plomb avec le cuivre de Cypre, *liv.* 34, *ch.* 40.

Aristonide exprima le repentir que ressentit Athamas d'avoir écrasé Léarque son fils contre un rocher , en mêlant du fer avec le bronze, de manière que la honte qui succède subitement à la fureur étoit parfaitement exprimée. On voyoit cette statue à Thèbes.

(3) Je crois bien avec le savant auteur de cet article , que l'art de couler les métaux est très‑ancien dans l'Inde ; mais je ne pense pas que le monument qu'il rapporte en soit une preuve ; il étoit, comme il le dit lui‑même, du temps d'Alexandre ; mais de plus il avoit sûrement été exécuté par quelque artiste grec.   A. L. M.

habiles dans la fonte des métaux. Sémiramis (4) fit orner ses jardins d'animaux de bronze de toute espèce, et dans le temple de Bélus on voyoit en or les statues de Jupiter, Junon et Rhéa (5) d'une grandeur énorme et travaillées au marteau. On a voulu jeter de l'incertitude sur le récit de Diodore (6), qui rapporte toutes ces merveilles sur la foi de Ctésias, dont l'autorité est contestée ; mais si l'on réfléchit que dans ces anciens temps l'or de toute l'Asie refluoit sur la seule ville de Babylone ; si l'on ajoute foi à l'écriture sainte (7), qui dit que, du temps de Salomon, l'or étoit si commun dans Jérusalem que l'argent avoit perdu son prix ; qu'enfin Nabuchodonosor éleva une statue d'or haute de 60 coudées et large de 6 dans la plaine de Dura, près de Babylone (8), on ne trouvera pas exagéré le rapport de Diodore. Une autre question sera si l'élégance et la correction régnoient dans ces ouvrages ? On en doute avec d'autant plus de raison que les ruines de Persépolis ne donnent pas une opinion favo-

(4) Elle régnoit 1740 ans avant l'ère vulgaire.

(5) Les noms de ces divinités grecques devoient être inconnus alors aux Assyriens. On regarde avec raison comme fabuleux tout ce que Diodore de Sicile raconte de Sémiramis. A. L. M.

(6) Liv. II, 59.

(7) Rois, liv. II, ch. 9. Voyez CALMET : *Dissertations sur les richesses que David laissa à Salomon* (Commentaires sur la Bible), tom. II, pag. 165.

(8) DANIEL, ch. 3, v. 1. Il régna 606 ans avant l'ère vulgaire.

rable du goût et de la précision des asiatiques dans le dessin (9).

Le plus ancien fondeur dont l'histoire nous ait conservé le nom est Hiram, Phénicien. Salomon le fit venir de Tyr (10) pour faire les ouvrages de bronze qui devoient décorer le temple de Jérusalem. Il fit deux colonnes de bronze de chacune 18 coudées de haut (31 pieds, la coudée à 1 pied 9 pouces), avec deux chapiteaux de 9 pieds, qui étoient surmontés de pommes de grenade de 7 pieds, de manière qu'elles avoient chacune 47 pieds de hauteur (11).

Mais l'ouvrage qui surpasse tout ce que Hérodote, Diodore et Pausanias rapportent de merveilles de l'ancien art, fut la mer d'airain exécutée par le même artiste. Douze bœufs, de grandeur naturelle, supportoient un énorme bassin de 18 pieds de diamètre sûr 9 de profondeur ; il reposoit sur dix socles d'airain pourvus de roues, au moyen desquelles toute la machine pouvoit être mise en mouvement. Entre les bœufs il y avoit des Chérubins qui supportoient le re-

(9) Goguet, *de l'Origine des lois, des arts et des sciences*, tom. III, pag. 58.

(10) 1015 avant l'ère vulgaire.

(11) Les fûts de ces colonnes avoient 12 coudées de circonférence et par conséquent 4 coudées ou 7 pieds de diamètre, ils ne portoient donc pas tout à fait 4 diamètres et demi de hauteur. Cette énorme grosseur ne répond à aucun ordre grec ; mais les colonnes qu'on a trouvées dans la Thébaïde prouvent bien que Hiram se conforma aux proportions de l'architecture ægyptienne.

bord du bassin. La description que fait le troisième livre des Rois de tous les ornemens qui
décoroient ce morceau, prouve que cet artiste
phénicien avoit du goût, et qu'à peine un pareil
ouvrage seroit exécuté aujourd'hui avec plus
d'élégance (12).

Pour mouler et jeter en fonte la mer d'airain,
les colonnes et plusieurs autres ouvrages, le roi
assigna à Hiram une plaine près du Jourdain,
où il y avoit beaucoup d'argile : c'étoit l'unique
matière dont il eut besoin ; on ne mouloit pas
alors avec la cire.

Du temps d'Homère (13), la rareté du fer fut
cause que les nations guerrières raffinèrent sur le
perfectionnement des autres métaux. Les roues
des chars sur lesquels on combattoit étoient fondues en bronze ; les lames des sabres et les pointes
des piques étoient de cuivre, auxquels on savoit
donner, par la trempe, un tel degré de dureté,
qu'il ne cédoit en rien au fer. Mais la fonte arti-
ficielle des statues n'étoit connue que dans l'Asie
mineure, et la Grèce, proprement dite, n'étoit
pas encore assez civilisée pour s'occuper des arts
du luxe. Homère, qui écrivit dans l'Asie mi-

(12) Il est étonnant que l'auteur de ce mémoire intéres-
sant ne fasse pas mention des travaux plus anciens des Hébreux, tels que la fabrication du pectoral du grand-prêtre,
la fonte du veau d'or, qui prouvent que les Hébreux avoient
appris cet art chez les Ægyptiens, où il étoit connu depuis
une très-haute antiquité, cependant il ne parle pas des
Ægyptiens.   A. L. M.

(13) 990 ans avant l'ère vulgaire.

neure, n'a pu prendre l'idée du bouclier d'Achille que d'après quelques modèles qui devoient en approcher. Quand il décrit le palais d'Alcinoüs (14), il parle de deux chiens, l'un d'or et l'autre d'argent, dont Vulcain avoit fait présent à ce prince. Il place dans ce même édifice des statues d'or représentant des jeunes garçons qui tenoient des torches allumées; mais c'est dans l'Asie qu'il place tout cela, et quand il décrit les palais des princes grecs, on voit bien de la richesse, mais aucun ouvrage d'imitation (15).

C'est des Lydiens et des Phrygiens que les Grecs de l'Asie mineure reçurent l'art de fondre et de travailler le bronze, de même que les instrumens de musique avec le mode lydien et les manufactures. Les ouvrages que l'on montroit encore du temps d'Hérodote (16) à Delphes en sont la preuve. Selon lui Midas, roi de Phrygie, envoya à l'Appollon de Delphes un trône vraisemblablement de bronze ou d'un autre métal plus précieux, qui étoit remarquable par le travail, et Gygès, roi de Lydie, lui consacra six cratères d'or pesant 3o talens, et probablement faits dans le pays. De l'Asie mineure cet art pénétra dans les îles de la mer Ionienne, et les premiers fondeurs connus par les Grecs furent des habitans des îles de Samos et de Chio.

(14) *Odyssée*, liv. VII, v. 92 et 100.

(15) Je crois que c'est hasarder beaucoup que de prétendre que l'art d'exécuter des ouvrages d'imitation étoit ignoré dans la Grèce au temps d'Homère.   A. L. M.

(16) Liv. I, ch. 14.

Pendant que la Grèce étoit déchirée par des factions et des guerres intestines, les étrusques faisoient de grands progrès dans la fonte des métaux. Les plus anciennes statues de ces peuples ont les bras appuyés sur les côtés, comme celles des AEgyptiens (17), ce qui fait présumer qu'ils reçurent leurs premiers arts et leur théologie des AEgyptiens et des Phéniciens, avec qui ils étoient en commerce. Ils vivoient de plus dans un état de calme et detranquillité qui dura jusqu'au temps de la prépondérance des Romains, et qui fut tout-à-fait favorable aux arts. C'est par cette raison que toute l'Italie fut couverte de simulacres étrusques avant que les Grecs n'eussent rien produit de remarquable dans l'art de la fonte (18). Dans la huitième olympiade, Romulus fit placer sa statue, couronnée par la Victoire, sur un char attelé de quatre chevaux de bronze qui avoient été enlevés de la ville de Cameria (19). C'étoit un travail étrusque ; et les sept statues des rois de Rome qu'on vit encore du temps de Pline (20)

(17) Gori, *Musœum Etruscum.*

(18) L'opinion générale est cependant aujourd'hui que ce sont les Grecs qui ont porté les arts dans l'Italie, et que les ouvrages appelés étrusques appartiennent à l'ancien style grec. Mais ce sont les habitans de plusieurs contrées de l'Italie et surtout les Etrusques qui ont conservé et pratiqué les arts long-temps avant celui où les Romains leur donnèrent quelque attention. A. L. M.

(19) Denis d'Halicarnasse, *Ant. Rom.*, liv. II, p. 116.

(20) Liv. II, ch. 17.

sur le Capitole, avoient aussi été jetés en bronze
par des artistes de cette nation.

Entre la trentième et la quarantième olympiade, Rhœcus et Théodore exercèrent la fonte
avec beaucoup de succès à Samos (21), mais ils

(21) HÉRODOTE, liv. III, §. 60, dit qu'ils inventèrent l'art
de faire des moules avec de l'argile; et PAUSANIAS, liv. VIII,
ch. 14, croit qu'ils furent les premiers qui fondirent les statues d'un seul jet. M. Meyners répond à cela : Il n'est pas
vrai que Théodore et Rhœcus aient été les inventeurs de la
fonte en airain ; ce qui paroît plus probable c'est, qu'ayant
surpassé de beaucoup les autres artistes dans les statues et
autres ouvrages en bronze, on a placé au temps où ils fleurirent, l'époque de la rénovation des beaux-arts. Voyez
MEYNERS, *Histoire de l'origine des progrès et de la déca-
dence des sciences dans la Grèce,* pag. 39.

Après tout, on ne peut leur faire l'honneur de l'invention
d'un art qui, 400 ans auparavant, fut exercé dans toute sa
perfection par les Phéniciens. PLINE, liv. XXXIV, ch. 8,
parle d'une statue fondue par Théodore qui le représentoit
tenant de la main gauche un petit quadrige si délicat et si
fin, qu'une simple mouche le couvroit de ses ailes. Il paroît
d'abord singulier qu'un fondeur accoutumé à travailler en
grand, se soit occupé d'un ouvrage qui semble n'avoir d'autre mérite que celui de la patience ; mais Théodore vouloit,
pour faire preuve de talent, imiter la nature en petit. Il
étoit graveur sur les pierres fines, et il avoit gravé une émé-
raude pour Polycrate de Samos.

Les pierres portées dans les bagues étoient un objet de
luxe ; plus le graveur pouvoit rassembler de figures dans un
petit espace, plus son travail étoit payé. On croyoit pendant
long-temps que ces gravures avoient été exécutées sans le
secours du microscope ; mais des verres lenticulaires qu'on
a trouvés dans les ruines d'Herculanum, et qu'on voit dans
le Musée royal de Portici, prouvent que les Anciens connois-
soient l'usage des verres dioptriques. Voy. DUTENS, *Origine*

ne travaillèrent que pour l'Asie mineure, et il n'est pas vraisemblable que leurs ouvrages aient pénétré dans la Grèce proprement dite, parce que Pausanias assure que, quoiqu'aucun ouvrage de bronze n'ait échappé à son attention, il n'avoit

des découvertes attribuées aux Modernes, tom. II, ch. 10, §. 278.

Les élégans de nos jours portent sur le doigt un gros diamant dont le vain éclat est égalé par un verre bien poli et effacé par la rosée dont les gouttes innombrables étincèlent dans les rayons du soleil, tandis que les Anciens employoient une partie de leurs richesses pour porter dans leurs bagues une pierre fine qui représentoit le combat des Centaures et des Lapithes, où Ulysse traversant avec Diomède les champs troyens pour enlever le Palladium. En dépensant leur argent, ils récompensoient un artiste industrieux dont l'ouvrage étonnoit les yeux par la finesse ; rappeloit à l'esprit une histoire intéressante ou une tradition consacrée par l'antiquité, et contribuoit en même temps par la solidité de la matière au plaisir et à l'instruction de la postérité la plus reculée. Qu'après deux mille ans nos descendans déterrent un vase de notre porcelaine, quelle instruction y trouveront-ils ? *(L'auteur.)*

En adoptant les idées principales consignées dans cette note curieuse par l'auteur de cette dissertation, je crois cependant relever quelques assertions qui ne me paroissent pas démontrées. D'abord les Anciens ne cherchèrent pas, comme il le dit, ligne 25, à faire entrer le plus grand nombre de figures qu'il étoit possible dans un petit espace. Au contraire, ils avoient soin de ne pas multiplier les figures pour ne pas diviser l'attention. Cela est démontré par le grand nombre de monumens qui nous restent ; une des preuves qui font regarder comme moderne la célèbre intaille connue sous le nom de Cachet de Michel-Ange, est le grand nombre de figures dont elle est chargée.

Il ne me paroit pas non plus démontré que les Anciens connurent les verres grossissans. A. L. M.

cependant rien pu trouver de Théodore, et qu'il n'avoit vu qu'une seule statue de Rhœcus dans le temple de Diane à Éphèse, ville de l'Asie mineure.

Les Grecs Européens étoient encore si peu avancés dans les arts, que les vainqueurs d'Olympie n'eurent des statues qu'à la 61e. olympiade, et encore étoient-elles de bois ; mais 20 ans après un certain Cléostênes, simple particulier, qui avoit vaincu à la 66e. olympiade, se fit représenter dans un char à quatre chevaux de bronze, et non content d'y faire graver son nom et celui de son écuyer, il y fit aussi inscrire les noms de ses chevaux.

Ce fut depuis cette époque que le bois sacré d'Altis, près d'Olympie, fut rempli d'une quantité de statues de bronze pour honorer la mémoire des vainqueurs, pendant que Pindare les éternisa par ses poëmes (22). Pour se distinguer,

______

(22) Pindare vendit ses poëmes très-cher. Un certain Pythéas ayant remporté le prix du Pancrace aux jeux Néméens, ses concitoyens, qui partageoient sa gloire, étoient divisés sur la question, si l'on feroit ériger une statue à l'honneur du jeune vainqueur, ou si l'on emploieroit la même dépense pour faire célébrer sa victoire par un poëme de Pindare. Ce dernier parti fut adopté, et Pindare très-satisfait de cette préférence, commença ainsi sa cinquième Néméenne :

> Je ne fais point une statue
> Sur sa base sans mouvement,
> Ma lyre partout entendue
> Élève un plus beau monument.
> Chaque vaisseau qui se destine

les rois , les villes et quelques riches particuliers qui avoient gagné le prix de la course , se firent représenter dans un char de bronze de deux ou de quatre chevaux du même métal.

Ce nouveau luxe exerça les statuaires et favorisa les talens naissans; peu à peu l'art de la fonte s'éleva au plus haut degré de perfection , et la gloire des artistes surpassa beaucoup celle des courreurs ou autres athlètes qu'ils représentèrent. Il ne sera donc pas hors de propos de faire ici l'énumération de ceux qui se distinguèrent dans l'art de faire des chevaux et des quadriges de bronze.

Notice des Sculpteurs célèbres qui ont fondu des chevaux et des quadriges de bronze.

Le plus ancien qu'on connoisse est Glaucias d'AEgine ; il vivoit dans la 72ᵉ. olympiade (23), et fit un char à quatre chevaux dont Gélon , roi de Syracuse, orna le bois d'Altis près d'Olympie , pour avoir remporté le prix de la course.

Onatas d'AEgine et Calamides, contemporains de Glaucias , travaillèrent tous deux à un char

> A partir du golfe d'Ægine
> Doit apprendre au monde étonné ,
> Que, fameux par sa renommée ,
> Pythéas aux jeux de Némée
> Mérita d'être couronné.

(23) 490 ans avant l'ère vulgaire.

de quatre chevaux que le roi Gélon, frère et successeur de Hiéron, fit ériger à Olympie pour avoir obtenu une pareille victoire. Ces deux chars étoient encore en place du temps de Pausanias, qui écrivit sous Marc-Aurèle.

Polyclète (24) perfectionna l'art que Phidias avoit inventé. Ses statues d'hommes étoient presque toutes posées de manière que l'un des deux pieds soutenoit tout le poids du corps, et que l'autre restoit en repos ; par cela ses ouvrages eurent moins de régularité et plus de grâce. Cependant toutes ses figures étoient robustes (quadratæ) et portoient plutôt l'empreinte de la force que celle de l'élégance. On lui reprochoit aussi trop d'uniformité dans sa manière ; quand on avoit vu une de ses statues, on les avoit toutes vues (25). Il ne savoit pas travailler les cheveux (26).

Myron (27) avoit plus d'invention que Polyclète, et ses ouvrages plus de diversité. Cependant son imagination s'exerça plutôt sur les différentes attitudes du corps que sur les mouvemens de l'âme ; il n'exprimoit pas les passions et ne savoit pas mieux travailler les cheveux que tous ses prédécesseurs. Nous avons encore la copie de son discobole. Sa statue de Lada (28),

---

(24) 87ᵉ. *Olymp.* 430 ans avant l'ère vulgaire.

(25) Pline, liv. XXXIV, ch. 8, *Pene unum ad exemplum.*

(26) C'est-à-dire qu'il y réussissoit moins que dans le reste. A. L. M.

(27) 87ᵉ. Olymp.

(28) Comme dans cet airain dont le travail étonne,
Où Myron le fait prêt à saisir la couronne ;

qui avoit gagné le prix de la course aux jeux olympiques, fut le sujet de plusieurs épigrammes qu'on trouve dans l'Anthologie grecque.

Aristide, statuaire de la 89ᵉ. olympiade, a fait des quadriges.

Euphranor de Corynthe a fait beaucoup de quadriges (29).

Hypatodore et Aristociton, statuaires de l'école d'Athènes et contemporains de Praxitèle. Ils avoient fait le char d'Amphiaraus, dans lequel on voyoit Laton, son cocher. Ce monument existoit encore à Delphes du temps de Pausanias.

Calamis (30), contemporain de Praxitèle, excelloit à représenter des chevaux, et personne ne lui disputoit ce talent (31). Praxitèle eut la complaisance de faire le conducteur d'un de ses chars pour que cet artiste ne fut pas inférieur à lui-même. Ainsi le Poussin se fit souvent un plaisir

> Tel tu parus, Lada, quand prompt comme l'éclair,
> Dans ta course rapide on te vit fendre l'air.
> L'espoir est dans tes yeux, ton haleine oppressée
> Semble de tes poumons avec force élancée;
> L'airain qui te soutient ne peut te retenir :
> O chef-d'œuvre de l'art plus léger que zéphir!
>
> *Anthol.*, liv. IV.

(29) Pline, liv. XXXV, ch. 14.

(30) 107ᵉ. Olymp.

(31) *Equis semper sine æmulo expressis.* Pline.
Exactis calamis se mihi jactat equis,

Propert. Eleg. I, v. 33.

Vindicat ut calamis laudem quos fecit equorum.

Ovid. *De ponto*, liv. IV.

d'orner les paysages de Guaspre de plusieurs figures.

Lysippe de Sicyone, contemporain d'Alexandre (32). Son génie fécond produisit plus d'ouvrages que n'en auroient fait dix autres. Il fit plusieurs quadriges, une quantité de statues équestres, et décora non-seulement la Grèce et la Macédoine, mais aussi les villes grecques de l'Italie et de la Sicile, de ses chefs-d'œuvres. Il exprima les cheveux avec plus de naturel et avec ce fini qu'il observa jusques dans le moindre détail (33). Il fit briller ce talent principalement dans la crinière des chevaux, qu'il représenta longue et voltigeant en l'air, ainsi qu'on le voit dans une épigramme faite par Philippe de Macédoine au sujet d'un de ses chevaux (34). Il donna plus de rondeur aux formes, fit moins saillir les muscles, et représenta les membres plus dégagés. En comparant ses ouvrages avec

(32) 114ᵉ. Olymp. l'an 320 avant l'ère vulgaire.

(33) *Propriæ hujus videntur esse argutiæ operum*
Custoditæ in minimis quoque rebus.

(34) Voyez ce beau coursier, qu'un noble orgueil anime,
Lever avec fierté sa tête magnanime;
L'art a su lui donner cet air impétueux;
Son corps est animé, la flamme est dans ses yeux,
Et le vent, secondant sa course violente,
En ondes fait mouvoir sa crinière flottante.
Je crois qu'un cavalier, en lui mettant le frein,
Le feroit galopper et bondir sous sa main :
Lysippe, en ce moment la Grèce qui t'admire,
Verroit qu'assurément ton ouvrage respire.
Anthol. liv. IV, ch. 7.

les statues ramassées et charnues de ses prédécesseurs, on auroit dit qu'il avoit inventé de nouvelles proportions pour le corps humain (35). En
effet, il fit les têtes plus petites et les membres
plus sveltes et moins lourds. Par ce moyen ses
statues paroissoient plus grandes, et l'on dit or-
dinairement de lui que si les autres avoient représenté les hommes tels qu'ils sont, Lysippe
avoit élevé la nature au-dessus d'elle-même. On
peut bien imaginer qu'il introduisit les mêmes
changemens dans le dessin de ses chevaux, et
que ses travaux en ce genre devoient être supérieurs à tout ce qu'on avoit vu avant lui.

Euthycrate (36), son fils et son élève, fit
plusieurs quadriges représentant le char de Mé-
dée. Il abandonna l'élégance et la molesse de
son père, et y substitua un genre plus noble
et plus mâle.

Pyromaque (37), de l'école de Lysippe, fit
un char à quatre chevaux qui portoit Alcibiade.
Cet ouvrage étoit à Olympie ; mais il fut enlevé
et transporté à Rome par Néron (38).

Les ouvrages de tous ces artistes étoient ou
parmi les offrandes de Delphes et d'Olympie,
ou dispersés dans les autres villes de la Grèce,
jnsqu'au temps de Néron, qui en fit enlever la

(35) *Nová intactâque ratione quadratas*
    Veterum staturas permutando.

(36) 119ᵉ. Olymp.

(37) 119ᵉ. Olymp.

(38) Pline, liv. XXXIV, ch. 8.

plus grande partie pour en décorer son palais d'or et ses autres édifices à Rome. Sous Vespasien, ils devinrent les ornemens du temple de la paix et des autres nombreuses constructions de cet empereur (39). Malgré cela, la Grèce n'étoit pas encore épuisée; on comptoit encore du temps de Pline 3000 statues dans la seule île de Rhodes; et un nombre égal dans les trois villes d'Athènes, de Delphes et d'Olympie.

A peine un étranger étoit-il arrivé à Delphes, que les antiquaires de cette ville se présentoient, tant pour lui montrer toutes les merveilles de l'art, que pour lui expliquer la quantité des inscriptions dont ils étoient accompagnés.

Plutarque (40) rapporte que s'y trouvant avec quelques étrangers, le démonstrateur s'étendit avec tant de verbiage sur toutes les inscriptions, que le jour commençant à décliner, on le pria d'être moins prolixe et de ne s'arrêter qu'aux plus importantes. Un des étrangers, qui paroissoit être connoisseur et avoit le coup-d'œil bien exercé, fut tout émerveillé de l'art qui régnoit dans la plupart de ces statues; il s'étonna surtout de la couleur et de l'éclat des plus anciennes, qui représentoient des héros victorieux sur mer. On n'y apercevoit ni rouille, ni vert-de-gris; mais la couleur du bronze étoit bleuâtre et ressembloit à l'élément qui fut le théâtre de leurs exploits. De quel mélange de métaux se

(39) Pline.

(40) *Cur nunc Pythia non reddat oracula.*

servirent

servirent donc les anciens artistes, dit-il, pour produire une si belle couleur jointe à tant d'éclat? La conversation roula après sur le bronze de Corinthe. On convint qu'il n'étoit qu'un mélange fortuit occasionné par l'incendie de cette ville, lors de sa prise par Mummius; que le bronze, l'argent et l'or fondus ensemble avoient produit cette composition, qui, parce que le bronze y dominoit, avoit retenu le nom de bronze de Corinthe; que l'or et l'argent mêlés produisoient une pâleur qui n'étoit pas tout-à-fait agréable à la vue; qu'enfin cette couleur bleuâtre des bronzes de Delphes étoit l'effet de l'air, qui, vif et continuellement réfléchi par les montagnes, pénétroit les pores du bronze et le préservoit de la rouille. Les naturalistes verront si ce raisonnement, qui paroissoit suffire à Plutarque et à ses contemporains, pourra être admis aujourd'hui.

Le temps d'Alexandre étoit l'époque où l'art de la fonte florissoit le plus en Grèce. Les Athéniens érigèrent à Démétrius de Phalère, qui gouverna Athènes pendant dix ans, 360 statues de bronze, dont plusieurs étoient équestres ou accompagnées de chars et de chevaux; et ce qui paroît incroyable, c'est que tous ces ouvrages furent commencés et finis dans l'espace de 300 jours (41). Lysippe paroît avoir épuisé cet art, car il tomba après lui.

(41) Diogène de Laerte, liv. V, ch. 11.

L'art de la Fonte chez les Romains.

Les Romains n'étoient pas plus savans dans la fonte des métaux que dans tous les autres arts d'imitation. Les Étrusques qui fondoient leurs statues sous les rois, furent employés aux mêmes travaux sous la république. Ainsi Spurius Camillus, vainqueur des Samnites, fit jeter en bronze la statue colossale d'Apollon par un artiste de cette nation. C'étoit le même Apollon qui fut dans la suite placé dans la bibliothéque d'Auguste. Ces fiers Romains, toujours en guerre avec leurs voisins et accoutumés à vaincre, croyoient indigne d'eux de s'occuper des arts ; il étoit même défendu aux citoyens de faire le commerce et d'exercer un métier (42). Tous les travaux furent abandonnés aux étrangers et aux esclaves.

Cet esprit militaire les domina exclusivement jusqu'après la seconde guerre punique ; alors ayant fait connoissance avec les Grecs, ils sentirent naître en eux quelque goût pour les arts, du moins doit-on leur attribuer ce sentiment par le principe qu'ils adoptèrent, de dépouiller les nations vaincues de leurs ornemens et d'en décorer leur capitale. Dans la place publique de Tarente, il y avoit un colosse de Jupiter fait par Lysippe, et le second en grandeur après celui de Rhodes. Quand Fabius Maximus Verrucosus

(42) Denys d'Halicarnasse, liv. **IX**, pag. 583.

reprit cette ville sur les Carthaginois, il voulut emporter le colosse, mais la difficulté du transport l'en empêcha (43); il fallut qu'il se contentât d'un Hercule, qui fut placé au Capitole. Soixante ans après, Marcellus prit la ville de Syracuse, et envoya à Rome les chefs-d'œuvres qui la décoroient. On voit, dans un discours que Tite-Live fait tenir à Caton, quelle impression firent sur les Romains ces prodiges de l'art grec. Je ne vois déjà que trop de gens, dit-il, qui s'extasient et s'épuisent en éloges sur les chefs-d'œuvres de Corinthe et d'Athènes amenés par la Victoire, et qui regardent avec un sourire dédaigneux les figures en terre des dieux romains, placées à l'entrée de nos temples (44). Lucius Scipion et Flaminius, vainqueurs d'Antiochus et de Philippe; Paule-Émile, de Persée; Mummius, de Corinthe et de plusieurs autres cités de l'Achaie et de Bœotie; Scipion enfin, le destructeur de Carthage, remplirent Rome d'une quantité prodigieuse d'objets de l'art grec. La donation que le roi Attale, fit, en mourant, au peuple romain, le mit en possession de toute l'Asie et acheva de corrompre ses mœurs. Cependant malgré l'introduction du luxe, la fierté des Romains et leur répugnance pour le travail furent les mêmes. Ils avoient vu des rois enchaînés orner les triomphes de leurs généraux; et si auparavant ils se regardoient comme un peuple de héros,

(43) Strabon, VI, pag. 426.
(44) Tite-Live, liv. XXXIV, ch. 4.

ils s'imaginèrent alors être supérieurs aux rois. Les Grecs étoient leurs ciseleurs, leurs modeleurs, leurs fondeurs. Le peu de noms romains qu'on trouve sur les anciens ouvrages suffit pour nous en convaincre.

Sous Auguste, pendant que tous les autres arts fleurirent, celui de la fonte commença à décliner. Il fit faire quatre éléphans de bronze (45) pour en décorer la voie sacrée. Ces éléphans ne furent pas fondus, mais travaillés au marteau. La preuve s'en trouve dans Cassiodore (46). Ce ministre de Théodat, roi des Goths, écrivoit 5oo ans après Auguste au préfet de la ville de Rome : « Les éléphans de bronze menacent ruine ; il » seroit dommage que ces animaux vécussent » moins long-temps dans le bronze qu'ils ne vi- » vent naturellement. Pour leur rendre cette » longévité, il faut fermer les ouvertures et join- » dre les bords par des crampons de fer. Il faut » aussi étayer leur ventre entr'ouvert, pour pré- » server ces ouvrages d'une ruine, dont l'effet » seroit d'autant plus désagréable, que leur as- » pect étoit imposant dans leur intégrité. »

Des éléphans fondus n'auroient pas été dans un pareil délàbrement au bout de 5oo ans. Quoique ce fait ne prouve pas qu'on étoit dans l'im-

----

(45) Pline, liv. XXXVI.

(46) Liv. II, ép. 38. *Elephantes æneos viciná ruiná titubare, his providentia vestra reddi faciat propriam longævitatem, uncis ferreis hiantia membra solidando, alvum quoque demissum pariete corroborent, ne illa magnitudo mirabilis solvatur turpiter in ruinam.*

puissance de fondre ces mêmes éléphans si on eut voulu, il est appuyé cependant du témoignage de Pline (47), qui dit que l'art de fondre des grandes statues d'un seul jet étoit perdu de son temps.

Parmi les artistes célèbres du temps de Néron, ZÉNODORE, grec de nation, mérite une attention particulière. Il fit, dans la cité des Auvergnats, un colosse de Mercure qui surpassoit en grandeur tous les colosses connus. Cet ouvrage coûta dix ans de travaux et quatre millions de notre monnoie. Après avoir prouvé son art par ce mémorable essai, il fut appelé à Rome par Néron, où il représenta ce prince par un colosse de 110 pieds de haut, qui fut placé dans le vestibule de son palais d'or. Pline dit qu'on admiroit, dans l'atelier de Zénodore, non-seulement le modèle en argile régulièrement ressemblant, mais encore l'assemblage de très-petites lames branchues destinées à enchâsser ensuite les pièces de rapport, qui, dans ce premier état, représentoient comme la nervure et le gros trait de l'ouvrage (48). On peut présumer, de ces expressions de Pline, que ce n'étoit pas une statue fondue, mais composée de plusieurs pièces de laminage travaillées au marteau. Néron auroit mieux aimé voir son image fondue en bronze d'un seul jet, quelque grande que fut la dépense

(47) Liv. XXXIV, ch. 2.

(48) *Mirabamur in officina, non solum ex argilla similitudinem insignem, verum ex parvis admodum . u culis quod primum operis instar fuit.* PLINE, liv. XXXIV, ch. 7.

qu'un pareil ouvrage auroit pu exiger ; mais l'art de la fonte étoit perdu. Du temps de Pline, qui vécut sous Vespasien, les artistes étoient encore bien éloignés d'atteindre à la perfection des anciens ouvrages de bronze, et ils ne furent pas plus heureux dans les statues de la fortune que dans les autres (49).

Cependant bientôt après le temps de Pline, Domitien fit fondre sa statue par un artiste grec nommé Célon, qui au moins, par la grandeur de son entreprise, mérite d'être placé parmi les rares talens qui savent faire revivre un art qu'on croyoit perdu auparavant. Martial célébra cette statue dans ses épigrammes, et Stace (50) lui consacra toute une églogue. Nous apprenons, par ce dernier poëme, que c'étoit une statue équestre fondue, placée sur deux grands piédestaux ; que les pieds du cheval reposoient sur la figure du Rhin, représenté en captif couché par terre, et sur la figure d'un Dace en pareille attitude et costume ; enfin que ce colosse surpassoit en hauteur les temples de la place publique qu'il occupoit. L'échafaudage et les machines pour transporter et soulever cette masse énorme donnèrent, suivant le même poëte, un spectacle aussi neuf que curieux, et toute la jeunesse de Rome fut

(49) Pline, liv. XXXIV, ch. 2. *Adeo evolevit fundendi æris pretiosi ratio ut ne fortuna quidem in ære jus artis habeat.*

(50) . . . . *Celone peractum*
Fluxit opus.

Statius *in Sylvis*, lib. I.

employée pour le mettre en place. Après la mort du tyran, l'indignation et la haine firent disparoître toute autre considération, et ce colosse admirable fut renversé par ordre du sénat.

Sous les empereurs, tous les états qui ne menoient pas à une prompte fortune étoient peu cousidérés. « Travaille, étudie les lois, exerce-toi
» à plaider, dit le père à son fils dans Juvénal (51),
» il n'y a que cela qui mène aux bonnes places ;
» ou si tu aimes mieux escalader et démolir les
» châteaux des Arabes, demande à l'empereur
» un bâton de centurion, tu obtiendras peut-être
» le grade de légionnaire pour prix de tes services ;
» mais ce sera à l'âge de 6o ans. Aimes-tu mieux
» le commerce, fais-toi marchand de peaux ; que
» la mauvaise odeur ne te rebute pas : l'or que
» tu gagneras mettra à ta discrétion les parfums
» de l'Arabie. On demandera partout si tu as de
» l'argent, mais personne ne s'informera comment tu l'as acquis. » Voilà la manière de penser des riches et de ceux qui n'épargnent rien pour le devenir. Ceux qui n'avoient ni les moyens d'aspirer à la fortune, ni le courage d'y arriver à force de travailler, s'attachoient à un homme opulent. Ils alloient faire le matin la révérence à leur patron, pour être nourris par lui le reste de la journée. Le bas peuple vivoit, pour la plupart, des distributions de blé faites par les empereurs et par les libéralités des ambitieux qui achetoient ses suffrages. Que l'on compte après

______

(51) *Satyre* 14.

cela la quantité et la longueur de leurs fêtes publiques, le temps qu'absorboient les élections des
magistrats, et on verra aisément que les trois
quarts du peuple vivoient dans un désœuvrement
absolu, et que les Romains, sous les empereurs,
avoient trop de facilité d'existence pour être industrieux. On ne s'étonnera pas, après cela, si
l'empereur Adrien se trouva agréablement sur-
pris quand il vit à Alexandrie que tout le monde
étoit occupé (52).

Si les marbres ont quelquefois échappé à la
fureur des Barbares, les bronzes n'ont presque
jamais été soustraits à leur cupidité. Les deux
monumens remarquables qui nous restent des
Romains, sont la statue équestre de Marc-Aurèle
et la statue de Septime-Sévère, qu'on voit au palais Barberini. M. Falconnet (53), habile statuaire,
a relevé les défauts de la première ; elle est fondue par parties (54). La statue de Sévère est un
bel ouvrage, et infiniment supérieur aux bas-
reliefs qu'on voit sur l'arc de Sévère (55). D'où
peut venir cette différence ? On sait que cet empereur étoit très-économe pour remplir les cof-
fres de son trésor et pour laisser à ses enfans

(52) Voyez la Lettre d'Adrien à Sévérin, consul, rap-
portée par *Flavius* Vopiscus *in vitâ Saturnini*, ch. 8, tom.
II, pag. 719.

(53) *Observations sur la Statue de Marc-Aurèle, adres-
sées à M. Diderot, par* Etienne Falconnet.

(54) *Mémoires de Trévoux*, juillet 1703, pag. 1208.

(55) *Lettres de* Winckelmann, art. 7, tom. III, de l'*Histoire de l'Art* ; édition italienne, pag. 120.

de quoi soutenir l'attitude imposante qu'il avoit
donnée à l'empire ; mais il paroît que les sculpteurs de son arc se ressentirent de cette écono-
mie. Cependant il y eut des instans où il fit
briller autant de libéralité que de magnificence,
surtout quand il y croyoit sa gloire intéressée. Il
s'agissoit de représenter le sujet d'un de ses son-
ges, auxquels il ajoutoit grande foi. Il avoit rêvé
qu'il voyoit Pertinax orné de tous les attributs
de la dignité impériale, et monté sur un cheval
magnifique, passer par la voie sacrée. Quand ce
cheval arriva près de lui, il jeta Pertinax en bas
et s'arrêta devant lui ; il monta dessus, et le cheval le porta par la place publique, au milieu
des acclamations du peuple assemblé. Le sujet
de ce songe devoit être représenté dans la voie
sacrée par un groupe de bronze digne de paroître
à côté de tant de beaux monumens qui la dé-
ooroient déjà. Il n'y avoit pas lieu de rien épargner ; Sévère employa les meilleurs artistes, les
paya libéralement, et on vit bientôt un groupe
colossal de bronze qui représenta Pertinax renversé, et Sévère monté sur le cheval qui avoit
démonté son prédécesseur (56). On ne peut savoir si la statue colossale du palais Barberini a
quelque rapport avec ce groupe ; mais il est certain que la beauté de l'un devoit influer sur celle
de l'autre, puisque les ouvrages contemporains
se ressemblent toujours par la manière.

Vingt-quatre ans après le règne de Sévère, le

(56) Herodien, liv. II, §. 54.

tyran Maximien fit fondre et convertir en monnoie une grande partie des statues des dieux et des
héros qui faisoient l'ornement de la ville et des
temples , sans avoir le moindre égard ni à l'antiquité, ni à la beauté du travail. Le peuple , qui
lui eut volontiers pardonné toutes les déprédations qu'il exerça contre les grands , se vit ainsi
attaqué du côté le plus sensible. Quand on ren-
versa ces beaux monumens , sa douleur fut si
grande, que plusieurs, guidés par une rage aveu-
gle, osèrent résister et aimèrent mieux périr devant les statues de leurs dieux , que d'être té-
moins de leur destruction (57).

Cependant le nombre des statues de bronze
étoit si grand, que cette diminution ne paroissoit pas encore. Aucun auteur ne se donna la
peine d'en faire le dénombrement ; ils se conten-
tent de dire qu'elles étoient innombrables , et
qu'on pouvoit les comparer à un autre peuple.
L'auteur inconnu de la description de Rome (58),
qui vécut sous Honorius et Valentinien, compta
encore 23 chevaux colosses et 80 chevaux dorés
à Rome. Il passe sous silence les chevaux non
dorés et communs ; mais leur nombre devoit
être très-considérable , puisque les riches ora-
teurs eux-mêmes ornoient les vestibules de leurs
maisons de quadriges de bronze (59).

(57) Herodien, liv. VII, §. 8.

(58) Muratori, *novus Thesaurus,* tom. I, au commencement.

(59) Juvénal, sat. 7, v. 125.

Æmilio dabitur quantum petet...........

Je me dispense d'entrer dans un détail ulté-
rieur sur les bronzes de Rome, puisque cette
matière a été traitée par Winckelmann, qui a
fait des recherches particulières sur les causes
qui ont contribué à leur destruction.

Histoire des Chevaux de Chio, et quelques réflexions sur la question, de quelle école ils peuvent être sortis.

La médaille de Néron qu'on voit à la tête de
cet essai, et qui fut frappée à l'occasion de la victoire remportée par Corbulon sur Tiridate, roi
d'Arménie, nous représente un arc de triomphe
surmonté d'un quadrige, dont les chevaux ont
toujours été regardés comme l'image véritable
de ces mêmes chevaux de cuivre doré que la
victoire a amenés dans nos murs, et qui décorent maintenant le palais des Tuileries. La manière dont ils lèvent les pieds et dont ils tien-
nent leurs têtes et leurs attitudes, qui sont absolument pareilles, ont beaucoup contribué à

..... Hujus enim stat currus aheneus, alti
Quadrijuges in vestibulis atque ipse feroci
Bellatori sedens curvatum hastile minatur
Eminus et statua meditatur prœlia lusca.

« Ce qu'Émile demande il le reçoit soudain,
» Car dans son vestibule on voit un char d'airain
» Dont les quatre chevaux sont de même matière;
» Et c'est là qu'agitant une lance guerrière,
» Il paroit, comme Mars, au milieu des combats,
» D'un geste menaçant préparer le trépas. »

accréditer cette conjecture , qui a été adoptée par Maffei et par tous les auteurs italiens (6o). On est allé plus loin en se fondant sur l'autorité des historiens , qui disent que Constantin-le-Grand dépouilla Rome et les villes de la Grèce de leurs plus beaux ornemens , pour décorer sa nouvelle capitale (61). On a cru pouvoir soutenir que ces

(6o) Les quatre chevaux de Venise vont être placés comme ceux dont parle l'auteur de ce mémoire ; ils seront attelés à un quadrige qui portera l'image de notre invincible Empereur, et qui sera placé sur la porte triomphale qui décore l'entrée des Tuileries : cette porte avec ce quadrige sont figurés sur une belle médaille frappée à ce sujet, et qui est gravée dans mon *Histoire métallique* de l'Empereur Napoléon.   A. L. M.

(61) Les sommes exorbitantes qu'employa Constantin pour transformer Byzance en un séjour agréable aux Romains , ne peuvent qu'exciter notre étonnement. Des théâtres , des cirques , des bains publics , des portiques , des temples , des palais , des gymnases , des arcs de triomphe , des aqueducs , des colonnes surmontées de statues , des obélisques , des souterrains pour recevoir les immondices , tout cela fut construit avec autant de magnificence et avec plus de régularité qu'on ne le voyoit dans l'ancienne Rome. Pour engager douze de ses amis à se fixer dans sa nouvelle résidence , il les envoya d'abord avec une armée contre Sapor, roi des Perses. En attendant , des architectes partirent pour prendre toutes les dimensions de leurs maisons à Rome ; et pour engager en même temps leurs familles de se rendre à Byzance, les maisons furent construites à Constantinople sur les mêmes plans et avec tous les accessoires du luxe le plus recherché qui les accompagnoit à Rome ; et quand au bout de seize mois les patriciens furent revenus de leur expédition, l'empereur leur demanda , en plaisantant, s'ils retourneroient bientôt en Italie. Dans deux mois, répondirent-ils ; au commence-

quatre chevaux avoient été compris dans le nombre, en s'appuyant en même temps sur une ancienne tradition qui n'a jamais existé que dans
l'idée de quelques savans. Zanetti, qui a joint
leur gravure à sa collection des statues de Venise, croit même y trouver des défauts dans
la fonte, et les donne par cette raison pour un
ouvrage romain. Il est cependant bien certain,
et on peut s'en rapporter à l'autorité de Codinus, que ces chevaux n'ont jamais été à Rome.
Ils ont été trouvés par les Vénitiens dans le grand
cirque de Constantinople. C'est donc parmi les
antiquités de cette dernière ville qu'il faut cher-
cher leur origine, et non parmi les monumens de Rome. Codinus, qui entre dans un
grand détail au sujet des antiquités de Byzance,
parle d'un char à quatre chevaux qui se trouvoit anciennement dans la place appelée Milium.

ment de l'hiver nous comptons partir d'ici. Allez, dit
l'empereur, je vous ai fait préparer des logemens. On les
y conduisit; mais quel fut leur étonnement, en voyant
transportés, comme par enchantement, leurs palais de
Rome sur les rivages de la Propontide; et quels furent
leur ravissement et leurs transports, quand en entrant
ils y trouvèrent rassemblés, et venant à leur rencontre,
leurs femmes, leurs enfans, leurs esclaves et tout ce qu'ils
avoient de plus cher au monde. Codinus, qui rapporte
cette histoire, fait le dénombrement de vingt-deux villes
desquelles Constantin fit apporter les statues. L'église de
Sainte-Sophie, qui n'étoit encore qu'un temple payen, en
reçut quatre cent vingt-sept dans son enceinte. Justinien,
qui consacra au culte chrétien ce temple magnifique, les
en fit enlever, et les distribua dans les différens quartiers
de la ville.

Ces quatre chevaux étoient dorés ; ils alloient au
grand galop et traînoient la statue du soleil. Constantin fit transporter ce char, accompagné de ses
gardes, dans l'hippodrome ou le grand cirque (62),
pour y célébrer la fête de la fortune de Constantinople, dont il fit porter la statue par le soleil.
Après cette solennité, le char fut reconduit avec
la même escorte à son ancien emplacement. Ce
char à quatre chevaux n'a rien de commun avec
quatre autres chevaux dorés dont parle le même
auteur (63), quand il spécifie tous les monumens

(62) Codinus, *Origines Constantinopolitanæ*, pag. 19.

(63) Codinus, l. c., pag. 28. Οἱ δὲ τεσσαρες κεχρυσωμηνοὶ ἱπποὶ, οι ὑπερθεν των καγκελλων ορωμηνοι εκ της χιου ἠκασιν επι Θεοδοσιου τᾶ μακρου. Καγκελλοι sont ce que les Romains
appeloient *Carceres*. C'est l'endroit où les chevaux étoient
enfermés avant de s'élancer dans la course. Un passage de
Nicetas choniates, où il est question de ces mêmes chevaux,
mérite ici d'être rapporté ; il dit d'un certain Agaremis qui
se proposa de voler à tire-d'aile d'un bout de l'Hippodrome
à l'autre : *Suâ sponte Hippodromi turrim conscendit, sub
quâ Carceres sunt, unde emittuntur equi ; supra (Carceres)
verò quatuor equi aurati stant*, collis incurvis obversi sibi
invicem, *alacritatis ad cursum pleni, seque stadium transvo-
laturum jactat*. Les attitudes sont ici décrites à ne pouvoir
les méconnoître. *(L'auteur.)*

Ce sont au contraire ces attitudes qui ont fait douter
que les quatre chevaux des Tuileries fussent réellement
ceux de Chio. Leur marche est paisible ; ils ne sont pa
en pleine course ; ils ne renversent pas la tête comme des
chevaux fougueux, c'est ce qui fait que, quoique les pas-
sages de Codinus, de Nicetas, et d'autres auteurs du Bas-
Empire, aient été très-connus jusqu'ici, on ne peut pas
assurer d'une manière positive, ainsi que le fait l'auteur,
que ces chevaux sont ceux de Chio. Aucune trace n'in-
dique qu'ils aient été attachés à un char, et on sait, d'a-

qui se trouvoient dans le cirque ou l'hippodrome ; ils étoient placés sur les barrières, ne traînaient aucun char, et Théodose le jeune les avoit fait transporter de Chio à Constantinople. C'étoient les seuls chevaux qui fussent dans le cirque ; car s'il y avoit eu encore d'autres quadriges, Codinus n'auroit pas manqué d'en faire mention. Je conclus donc avec raison que ce sont les mêmes chevaux dorés que les Vénitiens, 800 ans après Théodose II, trouvèrent dans cet endroit, et qu'ils sauvèrent de la destruction en les transportant dans leur patrie. C'est probablement de leur inscription que Codinus a tiré cette notice ; car il dit que chaque statue du cirque avoit son inscription, qui portoit de quelle ville elle avoit été emmenée.

La ressemblance qu'ont ces chevaux avec ceux qu'on voit sur la médaille de Néron, ne peut faire aucune objection contre l'autorité de Codinus. L'ancien monde étoit si rempli de pareils ouvrages, et les chefs-d'œuvres des grands-maîtres furent si souvent répétés, qu'un quadrige pouvoit bien ressembler à un autre.

L'île de Chio, aujourd'hui Scio, est située

près le rapport de Nicetas, qu'il y avoit beaucoup de figures de chevaux dans l'Hippodrome. C'est pourquoi M. HEYNE, dans sa belle dissertation, *Prisca artis opera quæ Constantinopoli fuisse memorantur*, (*mémoires de l'Académie de Goettingue*, vol. XI, pag. 36) a également pensé que ces chevaux ne sont pas ceux de Chio ; cependant cela ne peut pas non plus être démontré. L'opinion de M. SEITZ, auteur de ce mémoire, a du reste beaucoup de probabilité, et elle est développée avec intérêt. A. L. M.

entre Samos et Lesbos. Elle produisoit le meilleur vin de la Grèce, des figues excellentes et du bon marbre ; elle avoit une ville du même nom qui eut du côté de la terre le mont Pellenus, et du côté de la mer un port qui contenoit 80 vaisseaux. Tous ces avantages naturels portèrent les habitans à s'appliquer de bonne heure à la navigation et au commerce. Ils le firent avec les Égyptiens du temps du roi Amasis, qui permit aux Grecs commerçans de s'établir en Égypte, et ils y firent des établissemens en commun avec les Rhodiens, les Cnidiens, les habitans d'Halicarnasse et de Mytilène.

Dans la guerre que les Grecs d'Ionie entreprirent contre Darius, fils d'Hystaspes, ils fournirent 90 vaisseaux. Dans la bataille navale qui s'engagea avec les vaisseaux du roi, les Lesbiens, les Samiens et tous les autres prirent la fuite ; mais les habitans de Chio aimèrent mieux périr que d'imiter la conduite honteuse de leurs alliés ; enfin, après avoir fait des prodiges de valeur, ils succombèrent cernés de toutes parts par la nombreuse flotte des Perses. Victimes de leur zèle pour la cause commune, ils furent encore écrasés par la perfidie de leurs voisins. Histie de Lesbos, qui avoit embrassé le parti de Darius, fit, avec les Lesbiens, une descente dans leur île, attaqua ce peuple déjà affoibli, tua beaucoup de monde et mit l'île au pillage. Ils eurent de la peine à se relever de ces désastres ; car on voit que dans la guerre contre Xerxès, fils de Darius, ils ne purent fournir que quatre vaisseaux,

seaux, et qu'ils n'en avoient que sept à la bataille de Salamine.

Quand, après cette bataille, Xerxès se retira dans ses états, ils jouirent de nouveau de l'ancienne liberté, à la faveur de laquelle ils se relevèrent tellement, que, du temps de la guerre du Péloponèse, ils avoient 60 vaisseaux sur mer, et que leur capitale fut regardée comme une des plus grandes et des plus riches villes de la Grèce (64). Ils étoient, pendant le cours de cette guerre, toujours étroitement liés avec les Athéniens; mais quand ceux-ci éprouvèrent une défaite en Sicile, ils quittèrent leur cause pour embrasser celle des Lacédémoniens. Cette mesure, que Thucydide paroît approuver comme un parti très-sage, devint cependant la cause de nouveaux malheurs. Les Athéniens assiégèrent leur ville, les défirent en plusieurs combats, et leur île, devenue si florissante depuis la guerre des Perses, fut de nouveau en proie à tous les fléaux de la guerre. Cependant à la fin les Athéniens furent vaincus et quittèrent leur pays. Depuis ce temps ces insulaires vécurent assez tranquilles; mais ils étoient bien déchus de leur ancienne splendeur. Les Lacédémoniens, leurs nouveaux alliés, les rendirent tributaires pour subvenir aux frais de leurs nombreuses expéditions (65).

(64) Thucyd., liv. VI, pag. 40.

(65) Xénophon, liv. II, pag. 453.

C'est probablement des Lacédémoniens qu'ils adoptèrent l'usage de faire lutter les jeunes filles avec les garçons dans

Le commerce s'étoit échappé de leurs mains, et ils étoient trop affoiblis pour jouer un rôle dans les affaires de la Grèce. L'histoire les perd de vue jusqu'à la 105e. olympiade, où ils s'unirent avec les habitans de l'île de Cos, les Rhodiens et les habitans de Byzance, contre les Athéniens, pour venger quelques outrages particuliers qu'ils croyoient avoir reçu de Charès, leur général. Cette guerre dura trois ans, et on la connoît sous le nom de guerre sociale.

Sous Alexandre, ils furent le jouet de la fortune, et ils s'attachèrent, selon l'exigence du moment, tantôt au plus proche, tantôt au plus puissant. Dans la guerre des AEtoliens avec Prusias, roi de Bithynie, et Philippe de Macédoine, ils furent encore maltraités par ces deux rois, et leur ville fut prise et dévastée. Quand les Romains acquirent de la prépondérance dans la Grèce et la Macédoine, ils se mirent sous leur protection ; mais étant trop éloignés pour être toujours défendus avec vigueur, chaque nouvelle guerre leur présenta la triste perspective de nouveaux malheurs. Les rois Eumènes et Attale les traitèrent assez bien ; mais Mithridate leur fit sentir les terribles effets de sa colère. Enfin Sylla, son vainqueur, leur rendit la liberté et les reçut parmi les amis du peuple romain. D'amis ils devinrent bientôt sujets, et sous les empereurs, les jolies femmes de Chio alloient à Rome pour y

les palestres. Athénée dit que c'étoit avec plaisir qu'on se promenoit dans les gymnases de Chio, pour assister à ce charmant spectacle, liv. XIII, pag. 237.

faire valoir leurs talens dans la musique et faire
en même temps le trafic de leurs charmes (66).
Après le partage de l'empire, les destinées de
ce pays furent attachées à l'empire de Constantinople, jusqu'à ce qu'en 1207, cette même île,
qui avoit autrefois dominé sur mer, devint la
propriété d'un particulier vénitien.

L'histoire des prospérités et des malheurs d'un
peuple fait en même temps l'histoire des arts
qu'il exerça. Les muses ne se plaisent que dans
l'aisance et fuient la misère. L'époque de la richesse et de la plus grande prospérité de l'île de
Chio date de la 30ᵉ. et finit à la 92ᵉ. olympiade.
C'est au commencement de cette période que
les arts de l'Asie mineure se communiquèrent aux
îles de la mer ionienne.

Le plus ancien statuaire de Chio fut MÉLAS,
qui doit avoir vécu entre la 30ᵉ. et 40ᵉ. olympiade. Son fils MICCIADES et son petit-fils AN-
THERNUS se rendirent célèbres dans le même art.
Anthernus avoit deux fils, ANTHERNUS et BUPA-
LUS, qui arrivèrent tous deux à la plus grande
célébrité, et furent contemporains du poëte Hip-

(66) HORACE, liv. IV, ode 13.

> . . . . *Cupidinem*
> *Lentum sollicitas. Ille virentis, et*
> *Doctæ psallere Chiæ,*
> *Pulchris excubat in genis.*

Tu réveilles en vain l'amour qui t'est rebelle;
Il fixe son séjour sur le teint d'une belle,
Instruite dans Chio, sur un luth gracieux,
A faire résonner des sons harmonieux.

ponax (67). Les îles voisines de Chio , Délos et Lesbos , étoient pleines de leurs ouvrages , et dans Chio on voyoit une Diane de Bupalus. Tous ces sculpteurs mirent en œuvre le beau marbre de Chio ; mais on ne voit pas qu'ils aient travaillé en bronze. Ce seroit pousser la manie de l'antiquité trop loin , que de vouloir nommer l'artiste qui pourroit avoir fait les chevaux de Chio ; mais si l'examen d'un monument que le temps a épargné , joint aux descriptions de ceux qui ont existé anciennement , peuvent suffire pour distinguer encore les différentes écoles , une telle recherche ne seroit peut-être pas sans intérêt pour l'histoire des arts.

Il ne faut pas nous imaginer de voir dans ces chevaux un chef-d'œuvre de l'art ancien. Déjà du temps de Cicéron tout ce que l'île de Chio avoit eu de précieux étoit transporté à Rome pour décorer les maisons des riches (68). Les

(67) PLINE , liv. XXXVI, §. 5. Cet Hipponax vécut dans la 60ᵉ. olympiade. Comme il étoit très-laid , ces deux sculpteurs s'amusèrent à ses dépens , en exposant au public une charge si exagérée de son portrait, que tout le monde accourut en foule pour se moquer de lui. Hipponax, indigné de se voir l'objet de l'insolence du public , fit un poëme, et les abreuva tellement du fiel de la satyre , qu'ils se repentirent bien d'avoir provoqué témérairement le fils d'Apollon. Au reste , il faut observer que ce Bupalus n'est pas le même que celui qui travailla dans la 107ᵉ. Olympiade au monument qu'Artémise fit ériger à Mausole, et dont les ouvrages , conduits à Rome par ordre d'Auguste , furent censés aller de pair avec ceux de Praxitèle. La grande distance des temps en est la preuve.

(68) *Septième Verrine* , cap. 48.

émissaires que Néron envoya dans la Grèce pour enlever tous les ouvrages de bronze qu'ils jugeroient dignes de décorer ses édifices, et qui n'auront pas négligé les îles de Rhodes, de Samos et de Chio, ne touchèrent pas à ces chevaux ; ils ne furent pas non plus compris dans l'enlèvement général, que fit Constantin, de tous les objets d'art qui pouvoient encore servir à décorer sa nouvelle résidence ; ce ne fut que sous Théodose II, quand le monde étoit déjà épuisé et dépouillé de tous les chefs-d'œuvres, qu'on les jugea enfin dignes d'y être transportés. Auroient-ils resté si long-temps en place, auroient-ils échappé à la rapacité des gouverneurs romains, aux déprédations de Néron et aux perquisitions de Constantin, si le travail en eût été assez brillant pour charmer les yeux des connoisseurs, ou pour pouvoir être comparé à un ouvrage de Calamis ou de Lysippe, ou d'un artiste de l'école de ce grand maître ?

Lysippe vécut du temps d'Alexandre, temps où les habitans de cette île n'avoient ni assez de richesses, ni assez de tranquillité pour décorer leur ville de ses chefs-d'œuvres. De plus, le style du dessin et de la sculpture ne répondent aucunement à la manière de Lysippe ; ses chevaux étoient plus légers, leurs crinières flottoient à longues tresses, pour indiquer la vîtesse de la course. C'est là qu'il fit briller son talent à travailler les cheveux, qu'il exprima le premier avec ce naturel et ce fini qui charme d'autant plus les yeux, qu'il est plus difficile à atteindre.

Les chevaux de Chio sont d'un style lourd ; leur dessin représente plutôt la force que la légèreté ; leur crinière paroît coupée, ce qui prouve que l'artiste ne savoit pas rendre les cheveux ; du moins voit-on, à la manière dont il a exprimé les crins de leurs queues, qu'il n'étoit pas très-habile dans ce genre de travail. Les têtes méritent cependant notre admiration ; leurs narines entr'ouvertes, leurs bouches écumantes respirent la fougue et l'impétuosité des chevaux du soleil ; et, sans trop prêter à la conjecture, on peut dire qu'on y trouve plutôt le genre de Polyclète et de Myron (69) que celui de Lysippe. Les ouvrages de ces deux artistes étoient d'un dessin vigoureux ; on y apercevoit des muscles saillans, et en général plus de force que de grâce. Ils ne savoient pas bien travailler les cheveux ni l'un ni l'autre, et vécnrent tous deux à une époque où les habitans de Chio jouissoient d'une paix profonde, exerçoient une certaine domination sur mer, s'enrichissoient par le commerce, et avoient par conséquent le moyen et le loisir de penser aux embellissemens de leur capitale. Cette époque dura depuis la 75e. olympiade jusqu'à la 92e. ; elle comprenoit un espace de 70 ans, et fut le temps le plus heureux dont cette ville ait jamais joui. Prenons cette période pour celle où ces chevaux peuvent avoir été fondus, et ils au-

(69) Cette conjecture nous paroît trop hardie, car nous n'avons rien qui puisse nous faire connoitre le style des animaux de Myron et de Lysippe. **A. L. M.**

ront actuellement 2248 ans d'âge (70). Ils seroient donc plus anciens qu'aucun autre monument de bronze, et ils auroient existé du temps de Thucydide, d'Alcibiade, d'Hérodote, de Périclès, de Sophocle, d'Euripide, de Socrate, d'Hippocrate et de Platon.

Si, du temps de Cicéron (71), une statue médiocre de bronze se payoit déjà cent vingt mille sesterces, ce qui fait plus de douze mille francs de notre monnoie, quel prix mettra-t-on aujourd'hui à cet antique unique, qui, parmi la quantité de pareils ouvrages dont l'ancien monde étoit rempli, a seul échappé à la destruction universelle ?

Ils sont fondus en cuivre et dorés. On sait que le cuivre reçoit mieux la dorure que le bronze, et il paroît qu'il ont été destinés à la dorure (72)

---

(70). Il paroît impossible d'assigner à ces chevaux une époque aussi reculée, ils paroissent plutôt avoir été moulés dans les temps où l'art commençoit déjà à décliner.

A. L. M.

(71) *In Verrem*, orat. 4, c. 7.

(72) VITRUVE, liv. III, cap. 2, dit qu'on étoit dans l'usage d'orner les frontons des temples de statues de cuivre doré à la mode toscane, comme on voyoit au temple de Cérès et d'Hercule près le grand cirque; cette passion des Romains pour la dorure étoit donc étrusque d'origine. Suivant BUONARROTI, *Osservazioni sopra alcuni medaglioni*, pag., 370 l'or que les Anciens employoient pour la dorure à feu, étoit à proportion de l'or employé actuellement pour la dorure moderne comme six à un; et pour la dorure commune, leurs feuilles d'or étoient au nôtre comme vingt-deux à un. Toute la dorure ancienne qu'on a trouvée sous terre avoit encore son éclat naturel, et on pourroit en dire autant de

depuis leur origine. C'est donc à tort qu'on re-
proche aux Romains leur goût décidé pour la
dorure , puisque les Grecs doroient aussi leurs
quadriges. Il est cependant certain que les beaux
bronzes n'étoient pas dorés ; que leur couleur
étoit assez belle pour pouvoir se passer de ce
luxe, comme nous avons vu auparavant. Lysippe
auroit été bien fâché de voir qu'en dorant ses
ouvrages, on dérobât aux yeux ce précieux fini
auquel il attacha une grande partie de son mérite. On voit dans Pline (73) combien Néron fut
blâmé d'avoir fait dorer la statue d'Alexandre
de cet artiste, et combien les connoisseurs re-
grettoient de voir couverte d'or une Vénus d'Al-
camène. Si on lit dans Pausanias (74) qu'il y avoit
à Delphes une statue dorée de Phryné, dédiée
par Praxitèle , et que les Athéniens y avoient
dédié une Minerve dorée à l'occasion d'une victoire qu'ils avoient remportée, il faut penser que
ce fut par un motif d'émulation, et pour approcher autant qu'on pouvoit de la magnificence des
autres statues en or massif qui étoient dans ce
temple. Pour ce qui regarde les quadriges , il
paroît qu'on les dora toujours lorsqu'ils traînoient le char du soleil, afin que l'éclat de l'or
imitât la splendeur de cet astre. Les quatre chevaux qu'on vit à Constantinople attelés au char

celle des chevaux de Chio, si elle n'eût pas été grattée et
enlevée pour la plus grande partie.

(73) Liv. XXXIV.

(74) Liv. X, ch. 15.

du soleil, étoient aussi dorés. L'île de Rhodes adoroit cette divinité, dont le culte se devoit naturellement répandre dans les autres îles de la mer ionienne ; et il est très-vraisemblable que les quatre chevaux qui décorent maintenant le palais des Tuileries traînèrent anciennement son char et sa statue.

Dangers multipliés auxquels les Chevaux de Chio furent exposés à Constantinople, et leur enlèvement par les Vénitiens.

Quand ils arrivèrent à Constantinople par ordre de Théodose-le-Jeune, cette ville renfermoit dans son enceinte tous les prodiges de l'ancien art. On y vit le Jupiter Olympien de Phidias, la Vénus de Cnide de Praxitèle, la figure de l'occasion de Lysippe, et la Junon de Samos, colosse d'une excessive grandeur du même. Si la majeure partie des monumens de Rome périrent par les ravages que les Goths exercèrent sur cette ville sous leurs généraux Alaric, Genséric et Totila (75), les chefs-d'œu-

(75) WINKELMANN, dans une *Dissertation sur les ruines de Rome*, a pris à tâche de soutenir que ce n'étoient pas les barbares qui avoient détruit les monumens de Rome. Selon lui, Totila pardonna aux habitans aussitôt qu'il fut entré à Rome, et tâcha de se les rendre favorables par toute sorte de bons traitemens ; mais ce ne fut qu'après que la flamme eut dévasté Rome pendant treize jours, et que trois quartiers de la ville eurent été tellement détruits, qu'ils

vres que renfermoit Constantinople furent ab-
sorbés peu à peu par des incendies, fléau auquel,
par une fatalité singulière, cette ville fut toujours
exposée.

Sous l'empereur Zénon, qui régna vers l'an
470 de l'ère vulgaire, le feu consuma la biblio-
thèque et une grande quantité d'autres édifices;
l'incendie pénétra jusques dans la place publique,
et ce fut là qu'il détruisit la Junon de Samos,
la Minerve de Linde, et la célèbre Vénus de
Cnide (76).

Dans la cinquième année du règne de Justinien,
le peuple, excédé par les vexations qu'exerça
ce prince, se révolta. L'empereur fit entrer
dans la ville les Hellures, peuple barbare, pour
contenir les rebelles. C'étoit précisément le
parti le plus funeste qu'il pût prendre. Dès ce
moment la guerre devint générale; les barbares
massacroient le peuple, et le peuple s'enferma
dans les maisons, monta sur les toîts et se défendit à coups de pierres et de tuiles; enfin
les barbares furieux y mettoient le feu, qui, en
peu de temps, consuma un nombre considéra-
ble des plus beaux édifices et fondit une grande
quantité de statues. 40,000 hommes du peuple
périrent dans ce désastre (77).

Sous l'empereur Alexis Comnènes, différens

ne purent jamais être relevés. Ce fut donc sur des ruines
qu'il exerça sa bienfaisance, et dans la seule vue de rappeler
les habitans qui s'étoient enfuis pour se dérober à sa fureur.

(76) Zonar., *Annales Constantinop.*, liv. XIV, p. 55.

(77) Zonar., l. c., pag. 70.

quartiers de la ville furent dévastés par le feu et par des tremblemens de terre. Sous son règne, la statue colossale de Constantin, qui étoit placée sur la grande colonne de porphyre de 110 pieds de haut, fut renversée par un coup de vent et écrasa dix personnes dans sa chûte (78).

Les quatre chevaux de Chio avoient heureusement échappé à tous ces incendies; mais lors de l'incendie de 1203, qui fut le plus terrible qui jamais eût éclaté dans cette ville, ils furent beaucoup exposés, parce que le feu pénétra jusques dans l'hippodrome.

Quand, l'an 1202, les Français, sous la conduite du comte Baudouin de Flandres, s'unirent avec les Vénitiens pour entreprendre la troisième croisade et arrêter les progrès du sultan Saladin, qui venoit de prendre Jérusalem, le fils de l'empereur Isaac, que son frère Alexis avoit mis en prison en usurpant sur lui la couronne, implora l'assistance des Croisés, pour sauver son père des mains de cet usurpateur, et pour le rétablir dans ses droits. Les Croisés embrassèrent ses intérêts avec chaleur, et mirent le siège devant Constantinople. Déjà les Vénitiens étoient montés à l'assaut du côté de la mer et s'étoient emparés de vingt-cinq tours, quand Alexis sortit de la ville pour livrer bataille aux Français; mais quoiqu'il eût une armée infiniment plus nombreuse, une terreur panique le saisit, et il s'enfuit avec la plus grande partie de ses trésors. Les habitans

(78) Zonar., l. c., pag. 89.

de Constantinople, étonnés de cette fuite précipitée, se portèrent à la prison où l'empereur Isaac étoit détenu, le revêtirent des habits impériaux et lui prêtèrent obéissance. Bientôt après ils ouvrirent les portes de la ville, et reçurent leur jeune prince avec des témoignages de joie et d'allégresse. Pour éviter toutes les contestations qui auroient pu s'élever entre les Grecs et les alliés, ceux-ci furent logés au delà du port dans un quartier nommé Sténon. Cependant les Français fréquentèrent librement la ville, et les deux nations vécurent en paix et en bonne intelligence. L'empereur pria même les alliés de prolonger leur séjour à Constantinople, parce qu'il y avoit parmi les Grecs un puissant parti contre lui.

Pendant ce temps, une querelle s'alluma entre les Grecs et les Croisés. Les Français avoient forcé et mis au pillage la mosquée des Sarrasins ; les Grecs se mirent du parti de ces derniers, et les aidèrent à se venger de leurs adversaires, qui, outrés de se voir les moins forts, mirent le feu à la ville. La flamme, aidée par le vent, gagna tellement, qu'il n'y avoit plus de remède. L'incendie dura huit jours de suite et occupa bien une lieue de circonférence. Une quantité de maisons, d'églises et de couvens, furent la proie des flammes ; on déplora entre autres la perte d'un grand double portique, celle de la place de Constantin et de l'Hippodrome. Depuis ce désastre, la bonne intelligence entre les Grecs et les Français cessa ; tous les étrangers établis à Constantinople se virent obligés de quitter la ville au nombre de 15ooo. Le jeune empereur Alexis même se refroidit tellement, qu'il mit la plus grande lenteur dans l'exécution des traités, et bientôt la guerre recommença avec plus de force. Pendant le cours de la guerre, le jeune Alexis est mis en prison et bientôt étranglé par ordre de Murzufle, un de ses ministres, et le vieux Isaac meurt de chagrin. Les Croisés instruits de cette nouvelle catastrophe, s'assemblent en conseil, déclarent Murzufle indigne de régner, et prennent la résolution de redoubler d'activité pour prendre la ville et procéder à l'élection d'un nouvel empereur. Après plusieurs attaques la ville fut enfin prise une seconde fois, un lundi de Pâques, l'an 1204. Murzufle se retira au palais Bucoléon, et prit bientôt après la fuite. La ville fut mise au pillage pendant qu'un nouvel incendie éclata, qui, selon Villehardoin (79), détruisit plus de maisons que n'en contenoient alors les trois plus grandes villes de France. Le butin, qui suivant les conventions devoit être apporté en commun, fut si grand, qu'on en remplit trois églises ; et quoiqu'une grande partie en eût été détournée, on en partagea la valeur de 400000 marcs d'argent. Après avoir dépouillé les vivans et profané les autels, on troubla même les cendres des morts. Tous les tombeaux des empereurs furent ouverts pour en enlever ce qu'on

(79) *Histoire de la conquête de Constantinople* par *Godefroid* DE VILLEHARDOIN, maréchal de Champagne et de Romanie, pag. 132.

y trouva de précieux; enfin, quand la cupidité des Croisés ne trouva plus d'autre aliment, leur fureur se tourna contre les statues, qu'ils renversèrent, ou pour les envoyer à la monnoie, ou pour les vendre aux fondeurs, qui ne leur payèrent pas seulement la valeur du métal (80). On compte, parmi ces ouvrages, une Junon colossale dont huit bœufs purent à peine traîner la tête;

Un Pâris présentant la pomme à Vénus;

Un grand monument quarré de bronze, surmonté d'une pyramide : on y voyoit représentés les travaux de la campagne, des agneaux bondissant au son de la flûte du berger, la chasse des oiseaux et la pêche; des Cupidons se jetant des pommes, etc.;

Une statue équestre en costume héroïque qui étoit dans le marché aux Bœufs : c'étoit, selon toute apparence, un empereur; mais l'inscription étoit perdue; les uns disoient que c'étoit Josué, qui, étendant la main vers le soleil couchant, lui ordonnoit d'arrêter sa course; suivant d'autres, c'étoit Bellorophon (81).

(80) Voyez NICETÆ CONIATÆ *Narratio de Statuis Constantinop.*, dans FABRICIUS *Bibliot. Græc.*, tom. VI, pag. 405. (*L'auteur.*)

Une partie de ce morceau a été traduite par HARRISS, *Philological inquiries* II, tom. II, pag. 301, ch. 5. Cet ouvrage a été traduit en français par M. BOULARD, sous le titre d'*Histoire littéraire du moyen âge.* A. L. M.

(81) Il faut lire, sur les pertes que les arts firent à Constantinople, la dissertation de M. HEYNE, *de interitu ope-*

Parmi les statues qui décoroient l'Hippodrome, ils fondirent un Hercule colossal , assis, et plein de tristesse d'avoir tué ses enfans (82) ; sa grandeur fut telle que son pouce égaloit en grosseur le corps d'un homme.

L'âne avec son ânier, qu'Auguste avoit fait ériger à Nicopolis (83).

La louve qui allaita Romulus et Rémus.

Un homme combattant un lion.

Un hippopotame de bronze.

Un éléphant avec une trompe mobile.

Des sphinx représentés dans l'attitude des oiseaux qui battent des ailes pour s'élever en l'air.

Un cheval fougueux plein du désir de s'élancer dans l'arène.

Une Scylla ou monstre féminin qui dévoroit les compagnons d'Ulysse.

Un aigle étendant ses ailes pour enlever un serpent qu'il tenoit dans ses griffes ; sur ses ailes on voyoit des lignes et des chiffres qui servoient de cadran solaire.

Une Hélène ; sa tunique travaillée avec la plus grande finesse, laissoit entrevoir les formes arrondies de ses membres, un diadème magnifique retenoit ses cheveux qui tomboient en boucles sur ses épaules ; ses yeux languissans , le doux

rum cum antiquæ tum recentioris artis quæ Constantinopoli fuisse memorantur ejusque causis ac temporibus. Mémoires de Goettingue, tom. XII, p. 273.   A. L. M.

(82) Euripid. *Hercules furens.*

(83) Sueton. *in Octavio ,* cap. 96.

sourire qui résidoit sur ses lèvres à demi-ouvertes, ses sourcils élevés et voûtés, tout en elle se réunissoit pour présenter un degré de perfection et de beauté qu'aucune description ne peut atteindre.

Plusieurs conducteurs de chars représentés dans les différentes attitudes qui sont propres à leurs exercices ; ils étoient placés à la borne (*meta*) orientale du cirque qu'on appeloit celle de la faction rouge.

Un combat entre un bœuf, un hippopotame et un crocodile; chacun des combattans mordoit et étoit mordu, la victoire n'inclinoit nulle part, et on voyoit clairement que la mort de tous les trois finiroit le combat.

Tout cela, avec beaucoup d'autres chefs-d'œuvres, fut jeté dans les flammes. Ce fait seul atteste la barbarie où les peuples d'Occident étoient encore plongés. Cependant les chevaux de Chio échappèrent à la destruction. L'histoire ne nous a pas transmis le nom de celui qui employa son crédit pour les sauver; mais il est très-vraisemblable que, par ordre de Dandolo, le doge et le général des Vénitiens (84), ils furent réservés à

(84) Les Vénitiens étoient depuis long-temps liés avec l'empire grec ; leurs marchands avoient des comptoirs à Constantinople, le doge lui-même y avoit un palais; eux et les habitans de Pise faisoient seuls le commerce du Levant, qui leur donna la supériorité sur toutes les nations européennes, tant pour les richesses que pour les connoissances. Henri Dandolo réunissoit aux talens d'un bon général et d'un sage politique, des connoissances très-éten-

la république lors de la répartition du butin, quoique leur transport à Venise n'eut eu lieu qu'après la mort de ce doge éclairé. Les premiers vaisseaux qui partirent ne portèrent que des ornemens et des vases précieux qu'on avoit enlevés de Sainte-Sophie, avec une grande quantité de reliques, parmi lesquelles il y avoit un flacon rempli du sang de Jésus-Christ.

Après la mort de Dandolo, qui arriva en 1205, Pierre Ziani fut élu doge à Venise, et les Vénitiens qui se trouvoient à Constantinople élurent pour leur chef Martin Zeno, sous le titre de Potesta. Il avoit l'administration de toutes les provinces qui, par le nouveau partage, étoient échues à la république, et les affaires diplomatiques furent expédiées en commun sous le nom de l'empereur Henri, successeur de Beaudoin, et le sien. Ce fut lui qui envoya à Venise les quatre chevaux de Chio, avec plusieurs ouvrages précieux de porphyre et de marbre.

Pierre Ziani, le successeur de Dandolo, dans sa dignité de Doge, en fit orner le portail de

dues. Quand Innocent III excommunia les Croisés à cause de la prise de Zara, les seigneurs français, qui étoient tous des preux et loyaux chevaliers, mais qui pour la plupart ne savoient ni lire ni écrire, craignirent les effets de l'anathème et consentirent à toutes les conditions que l'évêque de Soissons, fondé de pouvoirs du pape, leur prescrivit pour avoir l'absolution, pendant que Dandolo avec ses Vénitiens refusa constamment de reconnoître l'autorité du pape dans les affaires temporelles, et brava l'anathème. Voyez l'*Histoire de la république de Venise* par M. l'abbé LAUGIER, tom. II, pag. 195.

l'église de Saint-Marc, où ils restèrent jusqu'à ce que, en 1798, le héros et le sauveur de la France les fit enlever pour être toujours l'ornement de sa capitale et le trophée de ses victoires.

Sur les prétendus défauts de fonte qu'on peut y avoir découverts; réponse à Winckelmann, et conclusion.

Les pièces enchâssées après la fonte qu'on distingue dans les gravures de Zanetti (85), sont une conséquence nécessaire de la manière avec laquelle les Anciens procédoient à la fonte. On trouve de pareilles pièces rapportées dans toutes les statues de bronze d'Herculanum. Pline (86) dit que les premières statues érigées aux vainqueurs dans les jeux d'Olympie, avoient été exactement calquées et moulées sur leur personne, et que ces statues se nommoient iconiques ; mais elles étoient fondues massives.

Dans la suite on raffina sur cet art pour produire le même effet avec moins de matière, et pour les fondre creuses.

(85) *Statue di Venezia*, tom. I, pl. 45.

(86) Liv. XXXIV, ch. 4, sect. 9, *ex membris eorum similitudine expressas.*

Un génie de bronze étrusque qu'on voit au cabinet de Florence, est travaillé avec tant de naturel, que les sculpteurs et les peintres ont cru qu'on avoit fait le moule sur le corps d'un jeune homme. Voy. GORI, *Mus. Florent.*, pl. 45, et *Museum Etruscum*, pl. 87.

C'est ainsi que par degrés on arriva à la manière sûre, mais lente et dispendieuse, dont on se sert aujourd'hui.

M. Boufferand (87) dit que les Anciens ne prenoient pas la peine de faire le premier modèle de plâtre qui sert à déterminer l'épaisseur des cires ; qu'après avoit fait leur modèle avec de la terre à potier préparée, ils l'écorchoient en enlevant partout l'épaisseur qu'ils vouloient donner au bronze, de sorte que leur modèle devenoit leur noyau (88).

(87) Voy. *Encyclopédie des arts et métiers.*

(88) Suivant PHILON DE BYZANCE, *De septem orbis miraculis,* cap. 5, pag. 13, les Anciens ne faisoient aucune grande statue d'un seul jet, mais ils fondoient les parties séparément et les unissoient ensuite selon le modèle qu'ils avoient fait auparavant. *Simulacra artifices primum fingunt, deinde membra divisa conflant, tandem omnia bene composita erigunt.* Mais cette assertion paroît être démentie par Pausanias qui, parlant de Rhœcus et de Théodore, dit : αγαλματα δια παντος επισ]αντο εργασασθαι καθαπερ εσθητα εξυφαινοντες ; ils savoient travailler les statues entières comme un habit tissu sur le métier, phrase assez singulière, mais que tous les traducteurs ont entendue des statues fondues d'un seul jet. Suivant le même Philon, le fameux colosse de Rhode fut aussi jeté par parties, mais d'une autre manière ; on commença par fondre les jambes, puis on les descendit en terre et on fondit dessus les cuisses et ainsi de suite, de manière que la fonte chaude s'unit d'elle-même à la fonte froide. Cette manière de procéder explique peut-être le mieux ce que Pausanias veut dire par εξυφαινοντες. Les Anciens craignoient qu'en fondant de grandes masses d'un seul jet, la fonte ne se refroidît en coulant. Des expériences modernes nous ont appris qu'elle peut parcourir un espace de quarante pieds sans se figer. Il est

Jusqu'ici l'observation de M. Boufferand est juste et générale ; mais s'il continue à dire qu'ils couvroient le noyau de cire , terminoient les cires, faisoient sur ces cires terminées les moules de potées et achevoient l'ouvrage comme nous , on peut lui opposer que la cire n'a pas été employée dans la fonte des chevaux de Venise , ni dans celle de tous les autres bronzes antiques où l'on voit les mêmes pièces enchâssées pour remplir les vides qui restèrent après la fonte. Ce défaut ne peut provenir que de l'absence totale des cires qui occupent absolument l'espace que doit occuper le bronze, et forment l'épaisseur qu'on veut lui donner entre le noyau et le moule creux, espace qui reste vide quand les cires sont fondues , et qui est rempli par la fonte dont la continuité n'est interrompue par aucun obstacle.

Si notre manière de fondre est plus parfaite , celle des Anciens étoit plus expéditive et beaucoup moins dispendieuse (89). Après avoir terminé

donc probable que si nous avions le même goût que les Anciens pour les colosses , nous les fonderions avec encore plus de perfection.

(89) Tous les fondeurs de la France, dit Winckelmann , ne suffiroient pas pour faire , pendant dix ans , les trois cent soixante statues qu'on fit à Athènes, pour Démétrius de Phalère , dans l'espace de trois cents jours. Mais, suivant leur manière d'opérer, les Athéniens n'avoient pas besoin de casser le moule pour en retirer la fonte , et les mêmes moules servoient peut-être plusieurs fois. Comment Lysippe auroit-il pu faire six cent dix ouvrages, selon le rapport de Pline, s'il n'avoit pas eu des moyens pour abréger les travaux de la fonte ?

leur modèle, ils faisoient le moule creux sur le modèle, et ils en ajoutoient tellement les différens morceaux, que toute la figure étoit couverte de deux moules qui s'adaptoient dans leur longueur, et dont les deux bords se joignoient d'un côté sur le dos du cheval dans toute sa longueur, et de l'autre côté, sous le ventre. Du moins on a fait l'observation sur les chevaux de Venise, que leurs moules étoient ainsi adaptés ; les moules des pieds se faisoient séparément. Après avoir terminé cette partie, on diminuoit le modèle de toute l'épaisseur qu'on vouloit donner au métal, ce qui formoit le noyau. Mais cette diminution ne pouvoit pas se faire sur toute la surface, il falloit laisser quelques *portées* pour empêcher les moules de tomber sur le noyau, et pour les écarter dans la distance qui déterminoit l'épaisseur du métal. Il devoit même y avoir plusieurs de ces appuis ou portées pour donner au moule un soutien égal et empêcher le noyau de sortir de son assiette. Cela fait, on ajoutoit les moules des pieds et les évents, on faisoit recuire le tout et on procédoit à la fonte. La fonte finie, toutes ces portées formoient autant de trous dans le métal ; mais on s'en servoit pour mettre le noyau en pièces au moyen de fers pointus et pour l'en retirer par morceaux. Tout étant fini, on remplissoit tous ces trous par des plaques de cuivre qu'on enchâssoit dans la fonte et qu'on rivoit par des clous, de la manière que nous le voyons aux chevaux de Chio et aux statues de bronze d'Herculanum.

Ce seroit cependant une témérité de soutenir que cette manière ait été générale dans toute l'antiquité ; pour les temps postérieurs l'observation de M. Boufferand peut être très-vraie. L'art de la fonte fleurissoit dans le Bas-Empire : on voit dans Zonare, qu'on érigea à presque tous les empereurs d'Orient des statues de bronze à Constantinople, et une épigramme (90) du poëte Julien, qui fut contemporain de Théodose, prouve qu'on employa la cire dans les statues de son temps.

Winckelmann (91) se récrie beaucoup sur la manière dont les chevaux de Venise lèvent les pieds ; il dit : Quelques-uns prétendent que les chevaux lèvent les deux pieds de chaque côté en même temps, et telle est l'allure des quatre chevaux de Venise ; mais on voit qu'il a été mal instruit, tout l'art de Franconi seroit incapable de faire marcher un cheval de cette manière.

Un cheval qui va au galop lève les deux pieds de devant à la fois, et suit par les deux pieds de derrière les levant l'un après l'autre, ce qui fait un mouvement de trois temps.

Un cheval qui va au pas se meut à quatre temps en ligne diagonale ou en croix ; c'est-à-dire, après avoir levé le pied droit de devant, il lève le pied

---

(90) La cire te perdit, Icare, et c'est par elle
　　　Qu'un artiste célèbre, animant un modèle,
　　　Te fait revivre encor après le sort affreux
　　　Où t'exposa jadis un vol présomptueux.

Anthol., liv. 4.

(91) Liv. V, ch. 6, §. 16.

gauche de derrière, ce qui est fondé sur les lois de la mécanique, et c'est l'allure des chevaux de Venise et de celui de Marc-Aurèle au Capitole.

Un cheval qui trotte lève en même temps le pied droit de devant et le pied gauche de derrière, ce qui fait un battement de deux temps.

On voit ces trois espèces de mouvemens sur les médailles et les bas-reliefs ; mais les statues qui exigent un appui de trois pieds, sont seules susceptibles du second.

Après la renaissance des lettres, l'art de la fonte reparut en Italie dans le siècle des Médicis. Le peintre André Verrochio imagina le premier ce qu'avoient pratiqué les Anciens, de faire le moule creux sur une statue, ou même sur une personne morte ou vivante, pour faire une statue parfaitement ressemblante. Cette invention lui inspira naturellement la pensée de se servir d'un pareil moule pour fondre une statue en bronze ; il réussit et exerça la fonte à la manière des Anciens, c'est-à-dire, en fondant les parties séparément et les réunissant après par la soudure. C'est ainsi qu'il entreprit de faire la statue équestre d'un général Vénitien dont il ne finit que le cheval. Il gagna une maladie à la fonte de cette partie, et périt victime de son zèle. Après lui Jean de Boulogne se servit de la même manière pour fondre la statue équestre de Cosme de Médicis à Florence.

Vers l'an 1500, Pomponius Gauricus (92) fit

(92) Pomponii Gaurici Neapolitani, *de Sculpturâ liber*

imprimer à Naples un Traité sur la Sculpture, dans lequel il décrivit la manière ingénieuse de procéder dont on se sert encore aujourd'hui pour fondre des statues équestres d'un seul jet. Il ajoute à la fin que cette science ayant péri avec ceux qui l'avoient sue et pratiquée autrefois, il étoit fondé de s'en attribuer l'invention (93). Depuis ce temps on vit élever de pareils

ad Herculem Ferrarii principem ; in *thesauro* GRONOVII, vol. 9 , pag. 731.

(93) Dans le siècle de Gaurico, où la plupart des auteurs grecs n'étoient pas encore imprimés, il suffisoit de savoir le grec pour se qualifier d'inventeur et pour passer comme tel aux yeux du vulgaire, encore en cas de besoin pouvoit-on anéantir le manuscrit dont l'impression auroit pu découvrir le plagiat. Une bonne partie des inventions, qu'on croit modernes, ont été puisées chez les Anciens. Dans l'horlogerie, rien ne nous appartient que le pendule, tout le rouage nécessaire pour mettre en mouvement les aiguilles d'un cadran, est décrit dans Vitruve. Il parle même d'une espèce de sonnerie qui, pour marquer les heures, jetoit un certain nombre de pierres. Les moulins à eau, les orgues avec tous leurs claviers et toute leur mécanique intérieure, furent connus sous Auguste ; il est vrai qu'on employa l'eau pour entretenir un vent continu ; mais il paroit qu'on se passa bientôt de ce moyen, et qu'on produisit le même effet par l'emploi de plusieurs soufflets, puisqu'une épigramme de l'empereur Julien sur les orgues et les organistes de son temps, en fait mention.

Le système de Copernic est le système de Pythagore, ou plutôt celui des anciens Chaldéens qui, sans autres secours que celui de leurs yeux, entrevirent déjà la rotation de la terre autour de son axe, et son mouvement annuel autour du soleil, et toutes les découvertes auxquelles le télescope et le perfectionnement des instrumens ont donné

monumens à Pise, à Plaisance, à Livourne, à
Ferrare, à Milan, à Venise et dans les Etats du
pape. Plusieurs villes d'Allemagne et de la Hol-

lieu, sont autant de preuves de la vérité de l'ancien système. Enfin, la décomposition de la lumière par le prisme
sur laquelle le grand Newton forma sa théorie des couleurs,
se trouve dans Sénèque, *Questions natur.*, liv. I, ch. 7.

Si nous avons la poudre à canons, les Anciens avoient
le feu grégeois dont les effets étoient terribles. Sous le
règne de Louis XV, un Dauphinois nommé Dupré, qui
avoit passé sa vie à faire des opérations de chymie, en
retrouva l'invention. Ce feu étoit si rapide, si dévorant,
qu'on ne pouvoit ni l'éviter, ni l'éteindre : l'eau lui don-
noit une nouvelle activité. On en fit des expériences sur le
canal de Versailles en présence du roi, dans la cour de l'ar-
senal à Paris et dans quelques ports ; elles firent frémir les
militaires les plus intrépides. Le roi, qui vouloit épargner
ce nouveau fléau à l'humanité, défendit à l'auteur de com-
muniquer son secret à personne, et le récompensa large-
ment. Dupré est mort, et l'on croit qu'il a emporté avec
lui son funeste secret.

Rien ne prouve mieux la supériorité des inventions anciennes que les cinq ordres d'architecture. A peine les architectes modernes osent y faire le plus léger changement,
et on sait même mauvais gré à ceux qui se sont permis
cette licence : il se trouve que les plus beaux édifices sont
ceux où ces ordres règnent dans toute leur pureté. Quand
viendra donc un second Callimaque pour en inventer un
nouveau. Les génies qui ont réellement étendu le cercle
des connoissances humaines sont séparés par des siècles
d'intervalle, rien de plus humiliant pour l'esprit humain
que cette lenteur de ses progrès réels. Il est vrai qu'on
parle aujourd'hui de nouvelles inventions comme de nouvelles modes ; il n'est plus un seul ouvrier du faubourg
Saint-Antoine qui ne prétende avoir enrichi son art de
quelque invention ; mais tous ces inventeurs ne font pas
fortune, et il y en a beaucoup qui ressemblent à ce gram-

lande perpétuèrent ainsi la mémoire de leurs bienfaiteurs, et l'an 1622, la ville de Rotterdam fit élever une statue de bronze au fameux Erasme, le seul savant moderne qui obtint un pareil honneur.

Le premier monument de ce genre, élevé en France, fut la statue de Henri IV; le cheval fut fondu à Florence par Jean de Boulogne; Cosme II, grand duc de Toscane, en fit présent à Marie de Médicis, reine de France, et alors régente du royaume; elle le destina à consacrer la mémoire du roi son mari, dont le sculpteur Dupré exécuta la statue par son ordre. Elle fut mise en place l'an 1635.

Peu de temps après le cardinal de Richelieu fit ériger la statue équestre de Louis XIII dans la place ci-devant Royale. Le cheval avoit été exécuté en Toscane par Ricciarelli de Volterre, élève de Michel-Ange, et fut regardé par les uns comme un ouvrage supérieur, et par les autres comme une production médiocre. La statue du roi avoit été exécutée par Biard.

Le siècle de Louis XIV fut si brillant pour les arts, que la splendeur du siècle d'Auguste si vanté doit s'éclipser dans la comparaison.

L'art de la fonte déclina sous Auguste, et les

maïrien qui annonça de nouvelles découvertes en langue latine.

Il faut cependant convenir que ces efforts réunis ne peuvent pas manquer de produire quelques heureux résultats, et qu'ils sont dignes des encouragemens et des récompenses que le Gouvernement leur accorde.

rapports de Pline et de Vitruve, tant sur le goût régnant alors en peinture et sur la manière des peintres de leur temps, ne peuvent que nous donner une idée très-défavorable de leurs talens, pendant que les noms des Girardon, Desjardins, Bouchardon, Lemoine, Puget, Lebrun, Lesueur, Bourdon, Mignard, Jouvenet, etc., ont fait la gloire de leur siècle et l'admiration de tous les pays où leurs ouvrages ont pénétré.

La statue de Louis XIV, à la place des Victoires, par Desjardins, et la statue équestre du même prince à la place Vendôme, par Girardon, étoient des morceaux uniques pour la beauté du dessin, l'élégance et la magnificence des accessoires. Les villes de Lyon, de Rennes, de Dijon, de Montpellier, de Bordeaux et de Metz, furent successivement ornées, tant des statues de ce même prince que de celles de son successeur ; mais la secousse dont le 18ᵉ. siècle a été témoin, produisit un effet aussi funeste pour tous ces ouvrages, que l'invasion d'Attila pour les bronzes de Rome et le fanatisme des Croisés pour ceux de Constantinople.

La France, qui produisit les talens qui décorent les autres villes de l'Europe, est maintenant déserte et dépourvue de ces chefs-d'œuvres qui autrefois faisoient l'ornement de ses places publiques.

Il ne sera cependant pas difficile de les remplacer, Paris renferme encore dans son enceinte les artistes les plus distingués pour le travail des bronzes, et aucune autre ville ne lui en disputera le prix. Dans la nouvelle exposition des objets de l'industrie française, les bronzes font un des articles les plus intéressans. Les sieurs Thomire et C. se font remarquer par le bon choix de leurs modèles. On y distingue en même temps les savantes compositions de M. Ravrio, qui a singulièrement contribué au perfectionnement des bronzes. Là, c'est Homère inspiré par Calliope; ici, Oreste et Iphigénie; plus loin, OEdipe bénissant Antigone; enfin, Virgile écrivant l'Enéide près du buste d'Homère.

Il ne faut pas douter que des artistes qui produisent de si charmantes compositions en petit, ne réussissent tout aussi bien en grand.

Les exploits de nos guerriers et ceux de leur auguste chef, leur ont fourni des sujets dignes de décorer les places publiques de Paris et celles des autres villes de France, et la quantité immense de canons prise sur les ennemis leur servira de matière.